Ahmed Hasnaoui

Vers une réforme de la mosquée - L'exorciste

Ahmed Hasnaoui

Vers une réforme de la mosquée - L'exorciste

Éditions Croix du Salut

Imprint

Cover image: www.ingimage.com

Publisher:
Éditions Croix du Salut
is a trademark of
International Book Market Service Ltd., member of OmniScriptum Publishing Group
17 Meldrum Street, Beau Bassin 71504, Mauritius

Printed at: see last page
ISBN: 978-613-7-37286-9

… vers une réforme de la mosquée

Notes de l'auteur :

Vers une réforme de la mosquée, un sujet tabou qui risque de bouleverser les bonnes mœurs. Personne à ma connaissance n'a eu l'idée sinon le courage de l'aborder. On est les meilleurs, le message divin est on ne peut plus claire. Mais qu'est- ce qu'on a fait avec, de bon, à même d'entamer un développement ? Une contradiction qui m'a fait mal au cœur de voir s'entre déchirer des peuples appartenant au monde islamique. Tiers monde, et il le sera longtemps s'il n'entreprendra pas des réformes dans tous les domaines ; celui relatif à la mosquée se taille la part du lion. Mais qui sera l'initiateur d'un tel projet ?

----- celui bien installé, qui n'a aucun lien avec la pratique de l'islam ?

----celui qui trouve dans l'application de la charia une issue pour être rétabli dans ses droits ?

……………………………………

La religion au sein des sociétés musulmanes est devenue un sujet de controverse. Je pense sincèrement que l'islam au jour d'aujourd'hui a pris un coup sérieux du quel il est très difficile de se relever.

La Lybie n'est plus qu'un champ de bataille où s'affrontent des factions d'un régime parti en fumée ; la Tunisie tente vaille que vaille de se relever après un cauchemar genre passage de cyclone ; la Syrie où une guerre fratricide oppose les uns aux autres ; au Yémen et dans d'autres contrées un feu brule sous la paille, des bombes à retardement qui' n'attendent qu'un signal pour exploser. Peut-on parler dans ce cas précis d'états nations où la citoyenneté est accordée au petit peuple ? Mais pourquoi donc ne pas leur rendre leur religion, l'islam, laquelle si elle ne l'enrichit pas lui procure un réconfort moral. Cette restitution, un geste simple par le moyen d'une loi ; réhabilite chacun dans ses droits fondamentaux.

………………………………………

La séparation de la politique d'avec la religion ; du profane d'avec le sacré, pour avoir des sociétés laïcs, lève le voile sur la réalité de chaque individu citoyen de son état. Il sera rangé parmi ceux-ci ou ceux-là, ne pouvant se cacher derrière un islam qui ne lui appartient pas et vice versa. Une fois cette barrière psychologique dépassée l'action de tout un chacun s'inscrira dans la transparence la plus totale, surtout en matière de politique.

---- vous êtes croyant ? Montrez votre programme qui s'inscrira dans les limites de l'islam ;

---- vous ne croyez ni en Dieu ni à Satan ? Raison de plus ou plutôt un défi à relever en agissant en personne ayant des idées à concrétiser et rien d'autre.

....

Lorsque rien ne va en ta personne, regarde-toi dans un miroir…. A dit le proverbe.

Préambule :

Qui aurait idée d'envisager la séparation du sacré du religieux en terre d'islam ? Et pourtant, une des causes principales, entre autres, qui fait que le monde musulman soit en décadence par rapport aux autres nations développées, est cette confusion qui sévit à travers les siècles et instrumentalise la religion par les états. Les populations, elles aussi développent un extrémisme et revendiquent un droit confisqué. Un dialogue de sourds est alors entretenu et les conséquences sont destructrices.

Le temps des monarchies est-il révolu à jamais ? Non, il revient avec un nouvel habit (on est chef suprême des armées et on prétend avoir le bon Dieu avec soi !) ; on édicte des lois, et l'institution religieuse, même si elle n'approuve pas elle se confine dans le mutisme.

....

Le message divin a été révélé il y a plus de quinze siècles, un message à décoder à la lumière de ce qui prévaut sur le terrain. Les sociétés sont en perpétuel mouvement. On n'est plus ce qu'on a été hier, un passé récent. Les mentalités ont changé suite à des avancées spectaculaires de sciences et de technologies, et ce n'est pas encore fini du faite que la science que véhiculent les saintes écritures dépassent celles acquises jusqu'au jour d'aujourd'hui de plusieurs années lumières. Cependant, en terre d'islam on pense avoir tout compris ; plus besoin d'effectuer des recherches dans le religieux. Ceux ayant tout usent de tous les moyens pour conserver un ou des acquis, d'autres les revendiquent à cor et à cris car n'ayant rien.

....

Incroyable mais vraie, la séparation de la religion avec la politique pour avoir un gouvernement laïc dont le seul garant sont les lois promulguées par des hommes, a fait ses preuves en Europe et en Amérique, sous le règne de la justice que l'église tient en respect par la formulation de son avis, une critique en bonne et due forme. Dans cette optique, comme il sera développé plus loin : que lorsque la raison ne trouve pas de difficultés elle s'affole. Que dire d'un pouvoir remis entre les mains d'une ou plusieurs personnes, sans surveillance encore moins un compte à rendre à qui que ce soit ?

……………………………

On ne badine pas avec le sacré ; on n'est pas apôtre ni messager de Dieu, sachant que tout un chacun sera enterré dans sa propre tombe et il aura à répondre, uniquement, de ses actes. Alors cette appropriation de la mosquée par un tiers dût être l'état ou un parti politique n'augure rien de bon à moyen et long terme. Et puis elle a démontré ses limites avec les états dits islamiques qui limitent les prérogatives de la mosquée, ils ont en quasi-totalité étaient colonisés. Leur indépendance dans bien des cas a été le fruit de l'union de leur peuple sous l'égide de la mosquée ; l'association des ulémas, sous la bannière : d'Allah ou akbar (Dieu est le plus grand). Une fois la souveraineté retrouvée la mosquée passait systématiquement sous la coupe de l'état. Pour en faire quoi ? La réponse est contenue dans ce qui suit : …. Vers une réforme de la mosquée.

Introduction :

Au sein des pays musulmans presque tout le monde, en son for intérieur, éprouve le sentiment que ça cloche quelque part, que ça ne tourne pas rond. Cela trouve explication, entre autres, dans ce qui est formulé par le truchement de la voix et ce qui se pratique sur le terrain. Depuis belle lurette, en effet, un peu partout où on met les pieds, il est surtout question d'avenir ; de situation à faire, sans faire référence à un au-delà. Dans le langage au quotidien, le bon Dieu est très peu évoqué. Et puis à un degré plus ou moins important des signes apparents de richesses sont exhibés et qui s'entrechoquent avec la misère du petit peuple qui n'a d'yeux que pour pleurer son sort. A une certaine époque, rares étaient devenus les fidèles qui fréquentaient les mosquées d'une manière assidue. Les prêches du vendredi étaient devenus une sorte de routine, on allait avec l'Imam revisiter un passé lointain, glorieux. On tournait en rond pour commenter des événements qui se sont produit au temps du prophète que le salut de Dieu soit sur lui, et puis un grand vide !

…………………………………   ……………………………   …………………………

Au sein de la société il est des familles où le bon Dieu est complètement absent. Une progéniture nombreuse livrée à elle-même. Les tourments de l'existence devant un avenir incertain ; une course contre la montre derrière le crouton, font oublier un tant soit peu le salut de l'âme, et la non définition exacte de la pratique de la religion. Qui aurait idée, en effet, que c'est là un travail de longue haleine et que le résultat, dans bien des cas, tarde pour montrer des signes évidents d'un processus qui va crescendo. Le croyant, sincère, fait comme gravir un escalier qui se perd très haut dans le ciel. Il se passe comme si le serviteur de Dieu, par le fait même de la proclamation du serment de la foi, la chahada, il y a comme une ouverture d'un compte qui commence à totaliser des virements en matière de bonnes actions effectuées par ses soins. Arrivé à une certaine somme accumulée, il y a un déclenchement de comportement progressif :

----- l'usage d'un langage simple allant droit au but, sans ornement ni vernis ;

---- des idées claires obéissant à une logique qui se veut qu'on doit écouter l'autre et que la vérité on ne la détient pas et qu'il faudrait la chercher là où elle se trouve ;

Et cela ne s'arrête pas à ce stade-là, on parle d'élévation spirituelle connue uniquement par celui qui a le privilège d'y accéder.

…………………………………   ………………………   ………………………

La mosquée en terre d'islam ne remplit pas depuis des siècles sa mission, ô combien noble, celle d'éclairer les fidèles serviteurs, par le fait d'être la propriété des gouvernements. Point de référence faite à l'existence d'un mal qui s'incarne en la personne de citoyens de tout bord :

---- des gens athées des deux sexes ;

----- des gens hypocrites etc.

Tous se cachent derrière une richesse matérielle ; de hauts diplômes ; des postes de responsabilité.

……………………………………   …………………………   ……………………

Tout le monde est beau ; tout le monde est gentil ! Et puis le problème que rencontrent les fidèles serviteurs de Dieu ne concerne pas la mosquée ! Le mal ronge les sociétés islamiques de l'intérieur pour atteindre des proportions alarmantes, et à la mosquée on ne parle que d'un au-delà. Toutefois, cet au-delà tient d'une évolution sur terre que la mosquée occulte.

Chapitre : 01 l'origine de la mosquée

La mosquée a vu le jour avec la venue de l'islam. Depuis lors jusqu'au jour d'aujourd'hui elle a fait du chemin en passant par différentes étapes. Des changements, elle en a subi, surtout ceux relatifs à son architecture ; du rôle lequel lui est dévolu, là est toute la question, à développer tout au long de cette étude.

....

La mosquée a constitué la base de lancement de la dernière religion. Il fallait enseigner les principes fondamentaux de cette religion laquelle fait la synthèse de celles précédentes. Durant 25 années la révélation du message divin s'est étalée et a pris fin quelques temps avant la mort du prophète (s.d.l). il s'agit, ni plus ni moins, d'un itinéraire à emprunter qui mènera surement quelque part, selon un ordre de mérite, au paradis, dans un au-delà, et un châtiment, plus ou moins sévère, pour les mécréants.

....

L'islam une religion et une évolution sur terre d'un point à un autre : la naissance et le rappel à Dieu, tout au long d'un itinéraire parfois semé d'embuches ; des épreuves de différentes sortes, testant la bonne foi des uns sinon son absence, il est question, entres autres, d'un comportement à observer à la lettre, qui dicte qu'un musulman, le vrai, est celui qui ne nuit à personne par le moyen de sa main et sa langue. Cela se traduit dans le langage de tous les jours par :

---- le bon voisinage ;

---- interdiction de s'approprier illicitement le bien d'autrui ;

----- interdiction de tuer une personne que dans des cas de légitime défense ;

---- d'observer de la patience et de se contenter de ce qu'on a ;

---- être volontaire pour travailler ; rechercher le savoir et la science là où qu'ils se trouvent ;

----- gérer ses sentiments comme ses biens etc.

Le tout pourrait se résumer en la déclaration du serment de foi : il n y a de Dieu que Dieu et Mohamed est son prophète.

Chapitre : 02 la mission de la mosquée

Au temps du prophète (s.d.l) la mosquée était le lieu de rayonnement des sciences de la religion et d'autres sciences terrestres mais utiles à l'humanité entière. Il est spécifié clairement que le musulman doit chercher la science même en chine, lieu lointain de l'Arabie, terre de la révélation, de la naissance jusqu'à la mort. Cette recommandation est-elle observée de nos jours ?

Au temps du prophète, aussi, la science, la vraie était en la possession de ce dernier et ses proches compagnon, son application était beaucoup rétribuée pour le musulman que celui qui la recherchait. Et il est dit clairement qu'un jour viendra où son absence se fera sentir pour accorder une importance capitale à sa recherche, quant à son application, c'est là toute une paire de manches.

....

A partir d'un seul livre, le coran, "N" livres ont été écrits pour développer et faire part aux croyants d'une vision propre à un savant, qui reste qu'un simple avis relatif à une compréhension du message divin et l'explication de son prophète (s.d.l).

Les musulmans, sans distinction de race ni de langue, ont pris leur courage) deux mains pour essayer de sortir des ténèbres de l'ignorance à la lumière du savoir par le moyen de se ressourcer en étudiant les religions précédentes. Ils ont traduit dans la langue Arabe des œuvres de grands philosophes : perses ; latins et grecs.

Peut-être que certains des musulmans, surtout ceux qui étaient au pouvoir, ont cru par moment être parvenu au summum des connaissances, et la quête du savoir sous toutes ses formes s'est relâchée, beaucoup plus, durant trois siècles elle a cessé pour cause que : tout a été dit clairement et explicitement ! le compte à rebours a alors commencé.

Chapitre : 03 Etat islamique, réalité ou utopie…

Le prophète Mohamed (s.d.l) a réussi à unifier les tribus Arabes et jeté les bases d'un état islamique. De son vivant, l'islam est sorti de la presque ile d'Arabie ; on parlait déjà d'un empire musulman qui allait voir le jour avec les califes venus après lui. Des erreurs monumentales étaient commises ; on s'est pressé d'agrandir l'acquisition alors qu'il fallait, peut-être, consolider un état encore fragile. L'amour des biens terrestres a pris le dessus sur la récompense dans l'au- delà. Tout semblait être facile avec des hommes ayant la foi ferme et le désir ardent qui avait pour but de semer la parole divine. Sauf le bon Dieu qui est éternels ; les hommes naissent et rendent leur âme. Une fois les compagnons du prophète rappelés à Dieu, leurs héritiers ont entamé un changement de cap progressif.

…………………………………… …………………………………… …………………

La force des bras à elle seule avec un fléchissement de la foi a montré ses limites à un lieu- dit Poitiers séparant l'Espagne de la France. Lorsqu'il y a arrêt, dans tous les domaines, il y a nécessairement descente, même après un temps, si la conduite n'est pas revue et corrigée ; peut-être, que dans une euphorie, les musulmans se sont crus capables de faire la conquête du monde ? Avaient-ils un programme de gestion de leur vaste territoire, sans compter que les peuples vaincus ne manqueraient pas de réagir après temps ? La réponse pourrait être : non, du fait que ces territoires allaient être repris par leurs propriétaires.

Chapitre : 04   la civilisation Arabo musulmane ; naissance et déclin…

Toute la création divine a une limite dans l'espace et dans le temps. Ce qu'entreprend l'être humain n'échappe pas à cette règle. Les nations naissent et meurent. Cela commence généralement par un regroupement d'individus en un lieu donné. Un partage d'activités est institué, dans la cadre du travail. La communauté s'élargie, et il faudra régler les problèmes ; limiter les libertés des uns et des autres dans un cadre régi par la loi. Du statut de chef de guerre on passe, parfois, à celui de chef suprême ; un roi en quelque sorte. Le peuple Arabe n'échappe pas à cette règle. Une civilisation est née à la lumière des directives divines. Un livre, le coran, et puis son explication faite par le prophète (s.d.l).

……………………………… …………………………… ………………………

La religion musulmane a été révélée à un moment de grande ignorance qui sévissait à travers les quatre coins du globe. Faudrait-il rappeler et souligner l'existence de deux sciences : l'une terrestre et l'autre qui a trait à la création de l'univers ?

Celle dit terrestre obéit à une logique mathématique qui se veut que : 1+1= 2, et il y va de même en ce qui concerne tous les chiffres lesquels admettent tous une racine précise ; le chiffre : 1 est racine de lui-même ! À partir de cette vérité vraie, une thèse est avancée qui veut dire, entre autres, la différence entre créateur et créature. Hors, que veut le créateur de ses créatures ? Leur bien à tous. Et ceci ne peut se concrétiser que par les lois strictes à observer à la lettre.

…………………… ……………………………… ………………………

Comment expliquer le fait que le maître devient un valet ? Sa civilisation dépassée ? Sa vision des choses n'a plus cours ? Sa langue, jadis, au summum de la perfection, qui devient presque langue morte ? Et la descente aux enfers n'en finit pas. Il y a des conflits des qui sévissent au sein des états dit islamiques ; des guerres civiles ; des états qui sombrent dans le chaos et ne sont pas prête à se remettre debout. La civilisation musulmanes est alitée, elle agonise, et n'attend que le coup de grâce pour rendre l'âme. Cet état de fait se vérifie chaque jour que le bon Dieu crée. Et si les dirigeants font la sourde oreille, le petit peuple, lui, réagit selon les possibilités de chacun. On fuit et on cherche asile sous d'autres cieux plus cléments. On développe un extrémisme religieux, et on passe à l'action pour perpétrer des attentats.

………………………………… ………………………… ………………………

Peut-être, faudrait-il remonter loin dans le temps pour pouvoir cerner le problème qui se pose avec acuité au sein des pays qui se réclament des musulmans ? Pas plus tard qu'hier, celui appelé tiers monde était sous domination étrangère. Les pays musulmans appartiennent au tiers monde et ont payé très cher pour hisser leurs drapeaux au concert des nations. L'islam a été l'élément essentiel pour créer une base de lancement aux mouvements libérateurs. Il a fallu payer un lourd tribut pour s'auto déterminer. Et on revient à une situation qui a précédé la colonisation ni plus ni moins. Dans ce cas de figure, il faudrait faire une profonde étude des sociétés musulmanes et proposer des solutions.

----- est-ce la religion qui fait défaut ?

Des voix s'élèvent çà et là pour un retour aux sources ; dans la mesure où ces sources sont déterminées. Hors, qui déterminent ces sources ?

----- celui bien installé à très bonne enseigne, qui ne connait ni chômage ni crise de logement ?

Ou bien

----- celui qui n'arrive pas à joindre les deux bouts ?

Chapitre : 05 l'islam, religion de l'état !

L'état, un terme vague pour beaucoup de gens, inconscients, ils n'ont pas encore le statut de citoyen. Dans ce sens, il inclut des milliers d'individus vivant sur un sol limité par des frontières avec des états voisins. Il se limite à un gouvernement à qui incombe la gestion d'une cité ; des institutions dont chacune représente un secteur donné, et qui a le pouvoir de décision ? Dans bien des cas, en ce qui concerne un gouvernement illégitime, qui s'impose par la force, exclut de facto le petit peuple de la pratique de cette religion ; peut-on parler de la pratique d'une religion sous un régime dictatorial et qui tient cette religion en main et la manipule à sa guise ?

....

Tout un ministère est créé pour représenter l'islam une religion de l'état. Il compte parmi ses effectifs: un ministre ; de hauts cadre de l'état et des imams. Une bonne organisation qui sert à quoi et qui profite à qui ? A tous les niveaux on est salarié ni plus ni moins. Dans ce cas de figure, peut-on parler de foi, et plus encore avoir un souci de bien faire et propager la parole divine en mettant sur la balance : un salaire à percevoir en fin de mois ; une carrière à mener jusqu'au bout, la retraite ?

....

Ainsi, un imam, où qu'il soit, accomplit sa tache de diriger les prières au quotidien. Il les allonge ou les rétrécit, parfois, sans tenir compte des fidèles qui comptent parmi leurs rangs : des gens malade ; des vieux ; ceux désireux ne pas s'attarder longtemps du fait qu'ils sont pris par des tâches à accomplir dans le cadre de leur travail. En ce qui concerne les prêches du vendredi ainsi que ceux des fêtes religieuses (Aïd) la qualité laisse à désirer. Au lieu et place de débattre des problèmes liés à chaque région et essayer de leur apporter des solutions par des conseils et recommandations, on n'a pas encore fini avec : le licite et l'illicite ; la manière de faire ses ablutions etc.

....

De grands problèmes sévissent depuis des lustres au sein des communautés musulmanes, à citer à titre d'exemple :

---- la prostitution ; la délinquance juvénile ; vols et agressions ; détournements de biens publics ; la pratique de la sorcellerie ; l'extrémisme religieux etc.

....

De la prostitution en terre d'islam ? Cela suppose que la mosquée ne fait pas son travail comme il se doit ; encore faut-il rechercher l'origine de la dépravation des citoyens des deux sexes. Une société malade, en proie à une crise multidimensionnelle, et cet état de fait n'est que la partie visible de l'iceberg.

----- la délinquance juvénile ?

Sur terre de l'islam des ados qui s'adonnent aux drogues diverses, boivent de l'alcool, pour le plaisir ? Pas tous. Il est des situations, surtout dans certains milieux où la pratique de la religion fait défaut. Toute une culture d'athéisme s'érige en force. Le langage dont en use la majorité des individus relève, on ne peut mieux, d'une perte flagrante de la foi. Il est question de situation à faire ; une place au soleil à avoir par n'importe quel moyen, tellement le pourrissement de la société se fait sentir à des kilomètres à la ronde. Et il est question, aussi, de perte de repères.

----- s'il s'agissait de simples voleurs à la tire au niveau des stations de bus, des gare etc. cela passerait inaperçu. En terre d'islam il y a des policiers ripoux ; de l'argent sale à blanchir ; des biens publics détournés ! Cela renvoi à des caricatures dont en bas de page on oppose la mention : sans commentaires.

---- on est contre le bon Dieu en terre d'islam, sachant que la pratique de la sorcellerie est un des actes exécrables en religion islamique. Qui est, en effet, qu'on désigne par le qualificatif de sorcier, appartenant aux deux sexes ? Pas un musulman au sens propre du terme. Et que cherche ce dernier, avant tout ? L'agrément de Satan. Et puis en opposition à ces ennemis du bon Dieu, qu'est-ce qu'il y a ? De soi- disant guérisseurs dont la plupart sont des charlatans qi ne font que compliquer la vie aux braves gens, la plus part du temps, des innocents qui sont peu ou pas au courant de cette pratique satanique. Et comble de l'hérésie, on continue de parler religion appartenant à l'état !

----- l'extrémisme religieux a toujours élu domicile en terre d'islam. C'est un phénomène de société qui plonge ses racines profondément, et une étude doit être entreprise à tous les niveaux, l'institution religieuse a du pain sur la planche et doit travailler d'arrache -pied pour un résultat à obtenir à long terme, peut-être. On est en droit de poser la question, dans ce contexte : --- qui est cet extrémiste qui fait recours à la violence sous toute ses formes ? Un citoyen de son état qui se lance à corps perdu dans ce qu'il pense être une issue de secours. Il pourrait s'agir de :

---- un chômeur ;

---- un illettré, n'ayant aucune notion élémentaire en la matière, à la merci de gens peu scrupuleux et sachant très bien ce qu'ils sont en train de faire.

Avec l'extrémisme religieux on pourrait aller encore très loin et parler d'une situation très compliquée pour noter carrément l'absence de foi, en partie sinon en totalité et un athéisme sans bornes.

Chapitre : 06 quelle mission pour la mosquée ?

Tout comme l'église ; la synagogue, la mosquée n'est pas uniquement un lieu de prière et d'évocation de Dieu. Ses dirigent ne sont ni plus ni moins que les représentants de Dieu sur terre. Celui qui prend place dans une mosquée en attente de la prière est un fidèle qui est à la recherche de la paix de l'âme. À la mosquée, normalement, il n y a pas uniquement l'enseignement des préceptes de l'islam, une religion vieille de plus de 15 siècles, mais une étude approfondie de cette dernière et surtout d'éclairer le mieux possible les croyant sur leur ennemi, le mal.

Comment, en effet, combattre un ennemi si on ne le connait pas assez ? Le mal, toute une dimension, essaye, autant que faire se peut, de passer inaperçu voire comme inexistant. Peut-être, faudrait-il avoir vécu un demi- siècle et plus en prise avec lui pour pouvoir se prononcer sur ses capacités de nuisance ?

Faudrait-il aussi, pour ne plus avoir de doute, sur sa force réelle ; prendre connaissance sur les pouvoirs accordés à Jésus christ par le bon Dieu, ceux-là mêmes qui lui ont été proposés par Satan et que le christ avait refusés ? Les versets sataniques sont on ne peut plus une preuve irréfutable de sa grande force. Le muezzin qui appelle à la prière au quotidien, fait mention de : Dieu est le plus grand, par rapport à qui ? Entre autres, on fait référence à Satan.

Et pourtant, il existe un livre qui traite ce sujet, fort délicat, "talibis iblis" qui veut dire...... les tromperies de Satan. A la mosquée tous les Imams ou presque passent sous silence ce pouvoir surnaturel.

....

Après plus de 15 siècles de la révélation, on continue d'enseigner aux fidèles, à la mosquée, comment faire leurs ablutions ! On parle de tout et de rien sans faire mention de problèmes que rencontre le musulman dans l'exercice de ses fonctions ; de la méchanceté des uns et des autres qui mettent le bâton dans les roues, chaque fois qu'il y a recherche de faire œuvre utile.

A la mosquée, le licite et l'illicite se taille la part du lion. On nage en surface d'un vaste océan sans avoir le courage ni la volonté de traiter le problème des citoyens en général et le fidèle musulmans en particulier.

....

La femme, sujet de controverse à la mosquée. A écouter les uns et les autres, elle sera vite renvoyée à sa cuisine s'occuper de ses ustensiles. Et si dans un passé récent elle était mariée à un âge précoce, aujourd'hui, avec la crise de logement, dans certains pays dit musulmans, le mariage devient un luxe que peuvent se payer des jeunes hommes privilégiés. Et la future femme, dans cette misère sans nom, elle est élue surtout pour ses biens matériels au détriment de :

----- sa jeunesse ;

---- son éducation ;

---- sa beauté etc.

....

Lorsque la raison ne trouve pas de difficultés elle s'affole ; si tu veux connaitre quelqu'un donne lui un pouvoir. Il est claire qu'un pouvoir quel que soit sa nature corrompe ; que dire d'un pouvoir de décision à même de procurer un bien être ; d'aplanir des difficultés, de châtier?

La mosquée pourrait constituer un contre-pouvoir dans la mesure des lois divines, contre celles des hommes reconnues comme scélérates.

Le musulman n'est pas Monsieur ou Madame tout le monde. Il faut que le législateur en tienne compte pour lui accorder :

---- le temps nécessaire pour accomplir ses prières au quotidien ;

---- le travail dans un poste moins pénible durant le mois de ramadhan ;

---- prévoir une personne déléguée par la mosquée au niveau des cellules syndicales.

Il arrive parfois, en effet, qu'un fidèle, travailleur scrupuleux, est importuné spécialement à cause de l'exécution de sa tâche dans les règles des bienséances.

Chapitre : 07

La mosquée, un facteur de développement...

De par le passé, l'envoi d'un messager de Dieu s'est toujours justifié par l'oppression d'un tyran qui malmenait un peuple. Et puis cela se passait lors de grandes ignorances, ici ignorance veut dire : ---- avilissement d'un groupe de personnes, de tout un peuple par un autre peuple qui se croit supérieur, et à sa tête un roi ou chef de guerre qui se prend pour un Dieu. Le pharaon d'Egypte ; Hitler et bien d'autre illustrent ce phénomène.

....

Dans cette optique, une logique meurtrière, dévastatrice, s'installe pour anéantir sinon asservir l'autre race au lieu d'une cohabitation. Depuis que le monde est monde, cette pratique qui obéit à une logique Satanique, qui se veut que l'autre, différent, de par sa race ; sa religion ; sa langue etc. devienne esclave ou disparaisse. Et la volonté Divine a toujours été au rendez-vous pour remettre les choses en place. Mais cela n'a jamais pu se faire sans difficulté, et le peuple opprimé met la main à la pâte. Aujourd'hui, plus d'envoi d'apôtre ni de messager de Dieu. Les causes sont multiples, entre autres :

----- le développement intellectuel de la quasi-totalité des êtres humains évoluant sur terre ;

---- la fin du monde qui s'annonce à grandes pompes ; et les signes sont, on ne peut plus, apparents.

....

Quel âge as-tu, Gabriel ?

A dit le prophète Mohamed (s.d.l).

---- je ne sais pas, mais j'ai vu un astre descendre des cieux tous les 700 ans ; je l'ai vu se répéter 70 fois...

Et au prophète Mohamed (s.d.l) de répondre : ---- je suis comme cet astre, une miséricorde de Dieu qui l'envoie à ses fidèles serviteurs....

Dans bien des cas, après remous et agitations, du sang qui coule à flot, le message divin est reçu cinq sur cinq par les hommes de bonne volonté. Et ils ont fait comme une seconde naissance, ils ont revu et corrigé des erreurs monumentales, involontaires, sous l'effet de l'ignorance, ou bien dictées par ceux et celles ayant un intérêt particulier à avoir, et pour ce faire ils ont brouillé les cartes.

…………………………………… ……………………………… ………………………………

Une fois le messager ou apôtre rappelé à Dieu, les divergences montrent leur nez et il va y avoir comme un retour de manivelle. L'islam, comme les religions précédentes, n'a cessé d'être manipulé par les partisans du désordre. Dans bien des cas il s'en est suivi comme l'effet d'un fleuve détourné.

Chapitre : 08 L'islam politique

Dieu a fait de l'islam une religion ; les hommes en ont fait une politique. Il y a une grande différence entre l'islam vécu par les fidèles au temps du prophète Mohamed (s.d.l) et celui qu'on pétrit à volonté, par les uns et les autres. Et l'islam a été instrumentalisé à travers les territoires qui se réclament appartenir à cette religion. Au fil du temps un mouvement radical a émergé des bas- fonds de l'échelle sociale, comme qui dirait de la fange de misère. Pas étonnant qu'il soit chapeauté par un citoyen ayant glané çà et là des bagages, de hauts diplômes et qui aspire à un poste de responsabilité sans plus. Ici la misère humaine devient un moyen genre ascenseur pour monter très haut.

On fait venir un autre citoyen ayant le verbe facile, jonglant avec les mots, et il va peindre un avenir radieux pour des jeunes imberbes qui se laissent transporter vers un éden imaginaire, ici-bas.

D'un côté comme de l'autre, chaque partie clame haut et fort que l'islam est sa propriété et la détention de la vérité. Résultat :

---- insécurité ;

---- mauvaise image de l'islam ;

----- sous- développement ;

---- des maux de société divers etc.

……………………………… …………………………… …………………………

L'islam, pourrait-il être dans un ou plusieurs partis politiques ?

Des leaders de cette mouvance attestent, on ne peut mieux, que le pouvoir n'appartient qu'au bon Dieu, et pourtant eux le réclament à cor et à cris !

La séparation du religieux de la politique devient une nécessité absolue afin de relancer la machine économique sur des bases saines faisant appel à des stratégies de développement fiables. Un pacte social à signer entre gouvernement et le peuple est l'un des facteurs de paix durable et de stabilité. Que chacun soit mis devant ses responsabilités, en prenant connaissance de ses droits et ses devoirs. Le contraire ressemble à quelqu'un qui pêche en eaux troubles ou prêche la bonne parole dans un désert.

Chapitre : 09 l'islam à celui qui le pratique...

Il est temps de rendre à Dieu ce qui lui appartient et puis à celui qui le pratique, en l'occurrence, l'islam au peuple. Fini ce haut fonctionnaire qui exhibe des costards derrière un bureau loin de la réalité du terrain ; cet imam qui vient à la mosquée accomplir la prière ou clamer le prêche du vendredi ou de l'aïd avec un discours vide de tout sens. Et tous ces gens- là attendent un salaire en fin du mois. La mosquée doit prendre sa destinée en main pour former un personnel qualifié, et subsister par le moyen de dons en espèce et en nature. Il y aura surement des gens sages et versés dans l'étude de la religion qui acceptent de travailler en bénévoles ; d'autres qui seront rétribués par les fonds de fonctionnement de la mosquée.

....

En rendant l'islam à la population ; en séparant la politique de la religion, cela signifie clairement la séparation de la bonne graine de l'ivraie. Et les serviteurs de Dieu dans la mosquée auront surement du pain sur la planche pour œuvrer dans la transparence la plus totale et propager la parole divine et éclairer le sentier de Dieu pour les fidèles serviteurs.

Entretenir le contraire de l'indépendance de la mosquée se vérifie chaque jour que le bon Dieu fait par :

---- des citoyens de tout bord qui se réclament des connaisseurs en religion et promulguent conseils et recommandations à qui daigne leur prêter une oreille attentive. On rencontre parmi eux : des boulangers ; des forgerons ; des mécaniciens etc.

....

La non recherche en matière du savoir par les musulmans en général et ceux siégeant au niveau de la mosquée plonge les croyants de leurs états dans une espèce d'incertitude, en jetant un regard circulaire sur ce qui prévaut sur le terrain. Ils ont besoin d'être éclairés et pourquoi pas la recherche d'une autre approche en matière de religion voire une autre logique qui obéit à d'autres valeurs qui ont pour une finalité un au-delà ; et c'est là un travail de longue haleine qui entre dans les prérogatives des gens de la mosquée.

....

L'athéisme et la croyance en un Dieu unique clément et miséricordieux s'apparentent à deux mondes diamétralement opposés. la logique mathématiques qui se veut que : 1+1= 2, par exemple, n'a rien à voir avec un espoir toujours renouvelé d'être agréé par le seigneur des cieux et de la terre ; chose qui pousse à la réflexion pour voir à nu ce monde ici-bas et puis accorder une importance capitale à une vie dans le futur. Cette vision n'exclut en aucune manière d'essayer de vivre heureux en ayant comme crédo d'évoluer sur le droit chemin.

....

Le croyant a toujours besoin de quelqu'un-- des gens de la mosquée-- qui a la ferme conviction de l'existence du bon Dieu. Ainsi en allant prier, il fait comme recharger sa batterie : de bonne parole afin d'affronter au quotidien un mal multiformes, sans pitié aucune, qui s'incarne en des personnes qui peuplent son environnement, ils pourraient être :

---- des parents, frères et sœurs ;

---- des voisins ;

---- un responsable sur les lieus du travail ou bien des collègues etc.

La chose la plus difficile ici-bas est le fait de croire sincèrement ; avoir la foi, la vraie.

Chapitre : 10

La mosquée à pied d'œuvre…

L'islam est venu en étranger, il s'en ira, un jour, comme il est venu, en étranger. Qui aurait dit qu'un seul homme, orphelin de surcroit, viendra à bout de la force du mal qui s'incarnait en la personne de :

---- Abou lahab ;

--- Abou djahl.

Et puis d'autres riches commerçants de la tribu de Quoraiche ?

Une fois la religion musulmane embrassée par la majorité des Quoraichites, le prophète (s.d.l) n'est pas resté cantonné entre quatre murs, il circulait un peu partout dans les souks ; ce qui fait défaut à nos imams des temps modernes.

....

Un imam où qu'il se trouve, une grande ville ou une petite bourgade, doit avoir certaines qualités telles que :

----- une grande érudition ;

----- une formation appropriée à sa mission en tant que représentant de Dieu sur terre.

Un homme de bonne volonté à la recherche des problèmes au niveau de sa localité, responsable du salut des âmes des fidèles, doit rendre compte de la qualité de sa mission au jour du jugement dernier. Ainsi, avec l'indépendance de la mosquée pour agir en toute liberté, dans les limites des lois du pays, à savoir : --- préserver l'unité de la population quel que soit leurs races ; leurs langues et la couleur de leurs peaux.

L'imam doit aller à la rencontre de la population. Dans ce sens, dans ses prêches sinon lors des réunions, ayant sérié les problèmes vécus par les habitants de la localité ou ville, il ne manquera pas de soulever ces problèmes à sa hiérarchie laquelle essayera de solutionner par les moyens possibles au niveau de la commune sinon elle fera appel aux dons des fidèles en espèce et en nature.

....

Hélas, la mosquée au jour d'aujourd'hui, a les mains liées, elle n'est pas habilité pour entreprendre quoi que ce soit ; il est question d'un salaire à percevoir à la fin du mois, et puis tout le monde et beau, tout le monde est gentil. Quel rôle joue la mosquée, et puis quel avenir pour toute l'institution religieuse ? Il n'est pas étonnant de considérer la mosquée comme lieu de prières alors que jadis elle était un lieu où rayonnait la lumière de la science !

....

Amputée d'un membre dont le rôle est primordial, la société musulmane se trouve vidée de sa sève pour montrer une couche de vernis qui embellit la mosquée de l'extérieur. Et puis, il est des scènes qui mettent en confrontation, parfois, des citoyens qui n'ont rien à voir avec la religion, qui se chamaillent pour un licite/illicite !

Chapitre : 11 Foi et athéisme, un éternel combat…

La plus grosse erreur commise par les états islamiques est le fait d'avoir accaparé la mosquée et circonscrit son intervention sur le terrain. Devenus salariés, les gens de la mosquée ses sont installés en qualité de rentiers avec une somme d'argent à percevoir en fin de mois, en entretenant une sorte de routine. Ainsi, à une époque déterminée, le présent s'annulait pour laisser place à un passé glorieux. Avec les imams au niveau des mosquées on revisitait les ghazaoutes (batailles) : Badre et ouhoud etc.

Question chercheurs musulmans ayant écrit des livres afin d'éclairer des fidèles ? À ces derniers on ne faisait jamais référence à leurs ouvrages ; un vide genre traversée de désert pour remonter au temps du prophète et puis au deux siècles après lui, puis plus rien !

Combien de hadiths (commentaires) du prophète sont consignés par écrits par : el Boukhari et Mouslim ; ibn Madja etc. ? Et il est des hadiths jamais cités par les imams lors des prêches, ne passent ni à la radio ni à la télé. Et pourtant parmi eux il y a ceux qui constituent les bases fondamentales de la religion islamique.

………………………………… ………………………… ……………………………

Le monde musulman, au jour d'aujourd'hui, appartient au tiers monde. Comment est-il arrivé à cette situation ? La question est passée sous silence. Comme réponse : nous avons été à une époque lointaine les maîtres de la terre !

Toutes les religions sont venues rectifier l'évolution de peuples en marche ; rétablir chacun dans ses droits ; mettre fin à l'exploitation de l'homme par l'homme ; abolir l'esclavage et plus encore éclairer sur la gestion de la cité ceux qui détiennent le pouvoir en place.

………………………………… ………………………… ……………………………

Un problème épineux qui est le développement, qui a pour but l'auto-suffisance alimentaire ; la production de biens et de services avec possibilité d'exportation d'un surplus, nécessite, en mathématiques : la division de ce problème en plusieurs petites opérations afin de pouvoir leur apporter une solution qui entre dans le règlement dudit problème.

Un programme politique qui n'inclut pas la foi du responsable qui la met en exécution est un programme incomplet. Hors, ce responsable ne peut être juge et parti. Il a besoin d'être éclairé ; rappelé à l'ordre, si c'est nécessaire, par une morale laquelle s'appuie sur les préceptes de la religion. Un programme qui n'inclut pas l'obéissance à Dieu n'a pas d'âme, et s'il profite à une personne voire à un clan, d'autres citoyens, de facto, sont lésés, un large pan de la société.

....

Un mal rampant qui pousse à l'inertie, à l'égoïsme, est entretenu par le manque de foi sinon sa perte progressive. On est arrivé au stade où l'islam est devenu une sorte de paravent derrière lequel se cachent des individus partisans du moindre effort, pour justifier des actes répréhensibles. Dans cette optique, un individu fainéant, cite que c'est là son destin ; un père de famille qui traine ses savates, cite aussi que c'est le destin qui veut cela, au lieu est place de vaquer à une occupation. Il vous récite des versets du coran qu'il interprète à tort pour se donner raison par sa position en tant que chef de famille. Et la mosquée, dans cette misère sociale, n'a pas son mot à dire ou bien : qui sera entendu par qui ?

Chapitre : 12 Vous êtes mieux informés en ce qui concerne vos affaires ici-bas...a dit le prophète (s.d.l).

La mosquée, une institution de l'état. Son responsable, un ministre sans portefeuille, est là présent de par son corps, muet, il approuve par un silence complice tout ce qui se fait. De temps à autres quelque chose se passe, il est sommé de sortir de son mutisme pour crier au complot ourdi par les ennemis de l'islam. Lors d'une catastrophe naturelle, on prie pour les morts. Durant le mois sacré du ramadhan, il fait son apparition aux mosquées de la capitale, et surtout les jours de l'aïd. Il est accompagné de plusieurs membres du gouvernement afin de souligner qu'on a réellement affaire à un état islamique. Puis plus rien. Est-ce cela suffisant lorsqu'on voit dans d'autres pays chrétiens ou juifs, leurs institutions religieuses faire partie intégrale de leur personnalité jusqu'à devenir une race ?

……………………………………………   ………………………………   …………………

La mosquée, aujourd'hui plus que jamais, a du pain sur la planche. Cela ressemble à des époques lointaines à l'aube de la révélation où on cherchait coute que coute à convertir à la nouvelle religion, l'islam, des gens égarés sinon la faire épouser par d'autres gens sans religion. Il y avait des verstes coraniques à réciter et à expliquer, autant que faire se peut et puis des hadiths. A chaque époque correspond des problèmes spécifiques, des gens sans foi ni loi hantaient les quatre coins du lieu de la révélation. Toutefois, aujourd'hui c'est un retour en arrière, vers l'athéisme mal sain. Les causes sont multiples : ---- le monde est devenu des villages qui sont reliés par le réseau d'internet ; la radio et la télévision ; on a affaire à l'incarnation du mal en la personne de gens instruits qui cherchent à démontrer l'inexistence de Dieu !

……………………………   …………………………..   …………………………..

Sociétés dites musulmanes sont malades, leurs machines économiques sont presque à l'arrêt. Elles sont à la traine des nations du fait de leur appartenance au tiers monde. Intellectuels et jeunes gens fuient à la recherche d'une quelconque considération pour leur instruction, leur savoir ; une place au soleil. La religion, en ce qui les concerne, est remise aux oubliettes.

…………………………..   ……………………………   ……………………………

Les chiens aboient; la caravane passe. Celui bien installé ne connait pas les problèmes qui sont vécus par un autre en bas étage. Un programme économique, bien qu'il inclut le volet social demeure sans âme, et la religion vient rappeler à l'homme machine un sentiment qu'il tend à perdre dans le feu de l'action.

En allant à la rencontre des habitants de la campagne, un imam recense leurs problèmes et puis essaye d'agir par les moyens possibles. Le contraire permet d'avoir un édifice qui répond à l'architecture de l'époque mais sans utilité aucune.

Chapitre : 13   les sociétés musulmanes mises à nues…

Le monde musulman, toute catégorie confondue, se situe où par rapport aux autres états :

---- en plein essor économique ?

---- tout la population trouve un logement ?

---- pas de chômage ?

---- y aurait-il, ne serait-ce qu'une lueur d'espoir pour, un avenir enchanteur ?

A bien regarder ce qui prévaut sur le terrain, cela n'augure rien de bon. Bien des états qu'on croyait bien assis, avec un gouvernement qui jouissait d'une grande popularité, se sont écroulés comme un château de cartes. D'autres, étaient en voie de développement, et puis le fanatisme religieux a pris le dessus et a donné une rare occasion aux militaires d'intervenir et reprendre le pouvoir d'une main de fer, et au milieu de cette anarchie, la mosquée n'a pas droit à la parole.

Conclusion

Et si on demandait à la population des pays musulmans en général et les fidèles serviteurs en particulier, quel est l'apport de la mosquée à la société ?

Le fait d'effectuer les cinq prières au quotidien ne garantit pas d'aller au paradis. L'habit, les paroles que certains distribuent gratuitement, où ils usent de versets coraniques et hadiths du prophètes (s.d.l.), non plus.

....

L'absence de la mosquée du milieu social, et dont la mission qui devient une carrière professionnelle avec un salaire mensuel à percevoir à la fin du mois, a laissé un vide au sein de la population. Certains illuminés ou prétendus comme tels, y trouvent une occasion pour donner libre cours à un débats contradictoire--- un terrain de prédilection, normalement, pour des gens ayant suivi une formation en matière de sciences religieuses--- dans la rue ; les gares et stations de bus ; les souks ; les salles d'attentes des hôpitaux etc. des jeunes hommes, imberbes, la plupart sont des illettrés, et qui tiennent des discours fort ambiguës. Avec ces arrivistes de derniers instants, le nom de Dieu devient une sorte de passe partout. Plus moyen d'avoir une approche rationnelle pour solutionner les problèmes au quotidien mais de laisser le bon Dieu faire.

....

Les sociétés en terre d'islam s'assimilent à des groupements d'individus errant à l'âge de pierre. Pour ceux ayant le sou, ils deviennent des consommateurs de tout ce qui vient de l'étranger. Ils n'entreprennent presque rien et puis se réclament détenir la vérité ; pour peu qu'ils disent être les élus de Dieu. Et la mosquée se calfeutre entre quatre murs et observe un silence au lieu et place d'être le guide pour beaucoup de citoyen en perte de repères.

....

Un bébé à sa venue au monde a un cerveau qui marque zéro information. Ses parents et son entourage essayent de lui montrer le chemin. Lui, de son côté, enregistre sons et images. Certains de ces sons et images se perdent dans les tourments de l'existence, d'autres font comme remonter en surface d'un vaste océan, revigorés, suite à un élément nouveau ayant un lien très étroit avec une situation vécue. A un âge, celui de l'adolescence, beaucoup de jeunes gens se révoltent contre la société. La mosquée est un lieu où, entre autres, ils essayent de s'y refugier. Les jeunes trouvent-ils une oreille attentive à leur propos, d'égarés, ne sachant par où commencer, à la croisée du chemin. Quelqu'un a dit que chaque jour du vendredi il va pointer (son carton) à la mosquée, comme sur les lieux du travail ; tellement la routine bat son plein au sein des mosquées. Cette réflexion résume bien la situation à laquelle est arrivée cette institution religieuse qui ne s'acquitte plus de sa tache comme il se doit.

Fin

L'exorciste

Préambule

Je ne demande pas, de croire ou non, à ceux et celles qui auront l'opportunité de consulter ces pages noircies et traitant un sujet fort délicat qu'est l'exorcisme. Pour des raisons particulières citées plus loin, certains individus se situent à des années lumières de la réalité. Cette dernière pourrait être autre que ce qu'on voit et ce qu'on entend. Appelées sciences occultes du moment qu'elles peuvent être enseignées mais elles garderont toujours le caractère Satanique qui : nuit, détruit, anéanti des familles entières. Une arme à double tranchants, et même les écrits allant dans le sens de son enseignement afin de la combattre, peuvent être détournés de leur but pour servir à nuire. Une vie ordinaire, sans problème aucun, peut-être, laisse à penser à l'inexistence de ce monde parallèle peuplé d'anges déchus ; de démons et âmes errantes.

Le présent ouvrage se veut avant tout une sorte de mise en garde contre ces esprits maléfiques. Prévenir c'est mieux que guérir, a dit l'adage.

Introduction

Ce matin-là, je suis allé raccommoder mes souliers chez le cordonnier du village. Il y avait une foule immense, un moment, je suis entré dans un grand magasin pour acheter quelque chose. A la sortie je suis entré dans un autre monde. Ma vision est devenue tout d'un coup trouble. J'ai mis un temps fou pour arriver à la maison pourtant pas très distante du village. Par la suite, je suis allé consulter un médecin dans une clinique près de chez moi. J'ai une baisse de tension, puis on m'a ordonné de faire un bilan complet. Le résultat n'a rien donné de quoi me faire des soucis. Cependant, le mal persiste avec un cœur qui bat à rompre les côtes ; un sommeil agité avec des soubresauts pour me réveiller au moment où je vais fermer l'œil.

Une autre fois, de bon matin, en allant au travail, arrivé à un pâté de maisons, rien que pour rejoindre l'arrêt de bus en traversant une ruelle d'à peu près cinquante mètres, il m' a semblé avoir passé une éternité pour arriver de l'autre côté.

Par la suite le mal s'est installé, durablement, pour mener une vie d'enfer. J'ai vu rouge ; une écriture qui s'effaçait devant mes yeux ; un tambour qui battait à mon oreille gauche. A la maison des querelles éclataient entre ma femme et moi, et mes enfants. Pour rien, juste un mot lâché et qui faisait l'effet d'un feu de brousse.

Sur le lieu du travail, rien n'allait plus. Je deviens sans le vouloir l'ennemi de mes collègues du bureau qui me vouaient une haine terrible. Ma hiérarchie me file le train pour m'obliger à démissionner et me met en quarantaine, désactivé genre guerre d'usure. Je déménage de mon domicile où je logeais avec ma grande famille pour habiter un logement dans un petit bled perdu, en retrait de la civilisation ; je suis parti en retraite anticipée, et le mal toujours à l'œuvre ne voulait pas désarmer. J'ai consulté des spécialistes et à l'unanimité ils se sont accordés à dire que je faisais l'objet d'un ensorcellement.

Prenant mon mal en patience et en faisant des recherches dans ce domaine précité, j'ai fini par découvrir le pot à roses et qui était derrière cette entreprise....Satanique. J'ai fait fuir cinq démons qui se reliaient à tour de rôle pour obscurcir mon horizon et utilisaient des gens de ma connaissance et des voisins qui écoutaient mes conversations en se plaçant à proximité de ma porte ou de ma fenêtre. En sortant de chez moi, on m'emboitait le pas. Quelqu'un est venu frapper au milieu de la nuit à ma porte, pour rien, il me cherchait querelle, pour rien. Tout était prétexte pour faire passer un diable via des propos à échanger.

Le responsable de cette misère sans nom a fait du bon travail en mémorisant le timbre de ma voix, par la suite tout devenait facile pour m'envoyer un diable à n'importe quelle heure de la journée. Durant la nuit, plus moyen de dormir dans le noir total, juste une petite lueur de lumière le faisait fuir. Mais quand même je suis arrivé par la volonté de Dieu au bout de mes peines.

Chapitre : 01

Cela commence avec la conception.....

Le mal commence à produire son effet avant la naissance, alors que le bébé est encore au sein de sa génitrice. Prédisposition pour combattre le mal, il choit ici-bas malade, et son entourage pense qu'il ne va pas vivre longtemps. A un âge précoce cet enfant, des deux sexes, pourrait avoir des visions qu'il n'arrive pas à situer ni à saisir leur véritable nature. En venant au monde, aussi, comme par hasard les difficultés de la vie font leur apparition. Une petite querelle entre père et mère génère un divorce. Commence alors une lutte pour la survie. Toutes les portes se referment là où cet enfant met les pieds. Jugé comme un extraterrestre, il est importuné par ses pairs. Un travail psychologique est entretenu comme un feu pour mener la vie dure à cet être chétif qui laisse supposer qu'un jour il aura à combattre le mal.

………………………… …………………………… ……………………

Un être prédestiné à œuvrer sur la bonne voie, celle de Dieu créateur des cieux et de la terre, cet univers constitué de milliard de galaxies, est tout d'abord malmené par ses géniteurs qui ont choisi, bien sûr, de suivre le prince des ténèbres. Il est parfois au sein d'une même famille une éducation à deux vitesses ; deux poids, deux mesures. En ce qui concerne les enfants, les uns font ce qu'ils veulent sans être inquiétés par leurs parents ; ils sont même encouragés à commettre des bêtises, dans une certaine mesure. D'autres sont critiqués pour toute action entreprise, au moindre faux pas ils sont réprimandés, corrigés.

L'ennemi, ou futur ennemi de Satan, très jeune ses parents l'emmènent dans une institution religieuse, pour le faire dégouter de la religion et la voir d'un mauvais œil. A la maison on lui confie des tâches domestiques. Il est sommé de s'acquitter des corvées ; un produit à acheter par ses soins, est jugé de mauvaise qualité. En somme, ce n'est ni plus ni moins : un travail psychologique qui vise à le rendre méchant quitte à lui faire perdre les pédales.

………………………… …………………………… ……………………

Telle une rose qui germe sur un tas de fumier, des parents agissent, parfois inconsciemment, et entament une lutte avant une déclaration de guerre par leur rejeton lequel se situe à des années lumières d'un combat qui aura peut-être lieu dans un avenir lointain, mais qui anéantira sans crier gare ceux qui incarnent le mal sous toutes ses formes, et qui se trouve dans son environnement immédiat.

Chapitre : 02

Thèse sur le monde parallèle……

Ce monde qui nous entoure, un paradis sur terre pour les uns ; un enfer pour les autres, admet une explication dans une certaine mesure pour les humains jusqu'à la limite de notre univers. Au- delà, c'est du domaine de Dieu, le créateur. En aucun cas, en tant que créature, nous ne pouvons avoir idée sur comment il est ?

Sommes-nous seuls sur cette terre ? Un monde parallèle existe bel et bien. Les saintes écritures en font mention. Deux manières existent pour y avoir contact : une élévation spirituelle ; une soumission aveugle aux forces du mal.

……………………… …………………………… ………………

Malgré notre bon vouloir de rester neutre, emprunter un chemin qui se situe entre deux forces diamétralement opposées, on finit toujours par être d'un côté ou un autre, et ce de par notre comportement.

Et on évolue en restant an contact permanent avec notre créateur. Dans le cas contraire, on se la coule douce en obéissant à notre instinct animal pour n'opposer aucune résistance à un corps qui réclame son dû. Satisfait, il en demande plus genre luxe. Lorsque toutes les portes nous sont ouvertes on s'affole. Et puis il y a développement d'un faux amour propre qui s'éveille dès que quelqu'un essaye de, simplement nous contrarier. Ceux qui ne sont pas avec nous sont contre nous etc. trouve ici toute son application.

…………………………………… ……………………………………… ……….

Des individus qui reviennent de loin, pour avoir passé, toute leur jeunesse, dans un milieu où la religion est presque absente pour ne pas dire un lieu de débauche, en réintégrant le droit chemin, trouvent une tentative de freiner sec et tuer dans l'œuf toute idée allant dans ce sens. Le sujet est déterminé à se ranger ? le mal change de tactique pour le pousser à commettre quelque chose comme irréparable de sorte qu'il ait idée qu'il n y a plus moyen de se repentir d'un pêché grand comme le monde.

…………………………… ………………………………… ……………………….

Si toute ascension est difficile sur une voie caillouteuse présentant des crevasse par endroits ; un tas d'embuches barrent cette voie ; vents et pluies s'abattent dans le but de décourager etc. le facteur humain, son action, est beaucoup plus grave ; certains individus ont vu leur grande famille les mettre en quarantaine du fait qu'ils ont mis la main sur une plaie vieille de plusieurs années au risque de tout bousiller ; ils ont été jetés en pâture à l'ennemi de Dieu, Satan.

…………………………………… ……………………………. ……………………………….

Le monde parallèle existe ? Sans l'ombre d'un doute mais pour parvenir à une certitude il faudrait errer longtemps si on n'est pas assisté par un guide qui nous évitera un temps fou que prendra notre quête d'un savoir réservé à quelque rares individus touchés par la grâce divine.

Chapitre : 03

Le rapport entre les deux mondes……….

Que savons-nous, nous humains, de ce monde dit : parallèle ? Très peu de choses. On parle d'anges déchus qui ont suivi Satan. On parle de djinns des deux sexes, masculin et féminin. Et puis certains avancent la thèse d'âmes errantes. Des âmes humaines qui ont quitté un corps d'une manière brutale ; donc non parvenues à terme et qui cherchent leur chemin pour l'éternité.

En ce qui concerne les djinns, on les répertorie en trois catégories distinctes : ceux circulant parmi les humains d'une manière permanente ; ceux dotés d'ails pour voler ; des djinns aquatiques.

Toutes ces entités appartenant à une autre dimension constituent un monde avec ses lois et ses règles.

……………………… ………………………………… ……………………………

Dotés de pouvoirs que nous humains n'avons pas, on y trouve de presque toutes les couleurs, et qui prennent la forme humaine ; celle des animaux, des insectes etc. ils ne peuvent influencer ou nuire à quelqu'un qu'à certaines conditions bien précises.

Bien qu'à l'origine, ces entités sont contre l'évolution de l'être humain et œuvrent d'une manière ou une autre à sa destruction, parmi eux certains se sont rangés et ont embrassé la religion ; on y trouve des juifs ; des chrétiens et des musulmans.

………………………… …………………………………… ………………

En ce qui concerne ce monde parallèle au notre auquel peu de gens croient, trop de thèses sont avancées ; la réalité très peu la connaissent. Et ces derniers se taisent parce que cette réalité est incroyable. Toutefois, ces démons et âmes errantes font étalage d'un commerce destiné à des humains qui ne croit que ce qu'ils voient avec leurs yeux et entendent de leurs oreilles. A un degré de la pratique du mal ces partisans sont agrées par leur maître et montent en grades : ils incarnent le mal.

Un peu partout, le bien est présent dans ce bas-monde ; un peu partout le mal a élu domicile. Des individus qu'on assimile à des nobles gens, vu leur position sociale ; un métier qu'ils exercent ; une langue qu'ils perfectionnent à merveille etc. ne sont que des Diables en chair et en os.

Chapitre : 04

Sorcellerie…………………. Mode d'emploi……..

Il faut le préciser que cette pratique, vilaine, n'est pas à la portée de tout un chacun. De la naissance jusqu'au trépas on emprunte un chemin parfois au hasard et y côtoie le bien comme le mal. Il nous arrive d'alterner pour évoluer du côté droit un temps et du côté gauche un autre temps. Cependant, on cumule comme dans un compte bancaire ou postal une certaine somme d'argent qu'on ne voudrait pas perdre à tout prix ; cela constitue une sorte de contre- poids qui pèsera pour nous obliger à nous ranger D'une manière définitive d'un côté ou d'un autre. On devient de ce fait bon ou mauvais. à un certain degré, il n y a plus possibilité de faire marche arrière, à moins que quelque chose comme un miracle se produise. Et on emboite le pas au bien qui s'incarne dans des entités du bien sinon on suit le mal lequel lui aussi a ses partisans. On subit alors une métamorphose.

……………………………… ………………………………… ……………………………

Il est des gens lesquels par leur présence sur un lieu donné les cœurs s'apaisent, le mal fuit sans demander des comptes ; d'autres en les croisant de bon matin on s'attendre à passer une journée d'enfer. A des degrés plus graves certains individus ne souffrent pas d'être contrariés encore moins à s'opposer à leur volonté. Le moi je suis ceci, je suis cela, revient tout le temps dans leur bouche pour proférer des menaces à l'encontre d'un malheureux qui ose leur barrer la route vers quelque chose qu'ils estiment être leur propriété, qui leur revient de droit. Tout de suite, ils passent à l'action pour malmener un être dont le seul tort qu'il a dit simplement : non à un objet convoité.

………………………………… ……………………………… ……….

Tout le monde couve en son sein un mal genre bombe à retardement qui n'attend qu'une étincelle pour renverser la situation ; le rapport de deux forces qui s'affrontent au quotidien. Il est des gens chez qui le mal a pris le dessus sur un bien entièrement anéanti au point de faire de leur personne : des affreux, méchants et vilains.

On a à découdre avec eux et on oublie une scène vécue ; leur regard menaçant ; leur cri d'un animal carnassier, et puis du jour au lendemain on se réveille avec quelque chose qui ne tourne pas rond. Malades nous le sommes, mais d'un mal dont on n'a aucune idée. Et on passe de la surprise à l'étonnement, vu que les médicaments prescrits par le médecin ne produisent aucun effet.

Chapitre : 05

Le monde de la sorcellerie........

Entre celui qui construit des édifices et celui qui ne sait que détruire, il y a tout un monde. Toute une technique pour élever un mur fait de rangées de briques superposées de sorte à tenir en équilibre pour résister à des secousses telluriques. La qualité des matériaux est pour beaucoup dans cette construction et surtout le savoir-faire de l'artisan. Pour détruire, il suffit d'un marteau et un burin, et le mur redevient un détritus qui tombe en ruine.

....

Satan, un faux Dieu, il est désigné comme tel par le fait de détenir certains secrets de la création divine, mais pas tous. Il peut certes, nuire, jusqu'à causer mort d'hommes et de femmes. Dieu le créateur le tient en laisse. A tout moment, Dieu intervient par l'intermédiaire de ses anges gardiens et ses assistants sur terre, des saints lesquels avec leur disparition il y aura fin du monde. Depuis la création de la vie sur terre avec l'apparition de cet être doué de raison, les saints hommes et saintes femmes sont répartis à travers les quatre coins du globe avec mission principale : contrer le mal par tous les moyens possibles ; sans cela ça aurait tout anéanti. Les exorcistes, qui ne sont que des saints, hommes et femmes, ont ainsi toujours existés et le resteront jusqu'à la fin des temps.

....

En parallèle des gens méchants à la solde de Satan- toute une dimension du mal- des saints qui sont les héritiers des apôtres et messagers de Dieu, sont là pour veiller à la bonne marche de cet univers. Les méchants font appel en évoquant des noms, toute une hiérarchie de démons ; les saints, hommes et femmes, invoquent un Dieu unique, clément et miséricordieux. Qui sont ces gens qui combattent le mal ? Des individus purs, qui ont sur la langue ce qui loge dans le cœur.

Chapitre : 06

Secrets de la création.......................

Sorcellerie ; envoutement ; possession diabolique etc. comment cela se produit ? Ce n'est pas qu'une seule chose à savoir mais à avoir une idée très vaste qui a trait à la création divine. Tout cet univers est la création d'un Dieu unique, il repose sur des bases solides avec des règles et des lois que ce créateur pourra changer. En six jours, d'après les saintes écritures, cet univers a commencé à exister. Un jour et un seul, dans les calculs de Dieu équivaut à quelques cinquante milles années solaires sur cette planète appelée terre. L'être humain est le pivot de cette création de par son intelligence et puis une élévation spirituelle qu'il pourrait avoir par le moyen d'une adoration de son créateur.

....

On parle d'une âme, qui loge chez tout un chacun des êtres humains, qui est un ordre de Dieu. De quelle nature est cet ordre ? on ne pourrait le savoir. Tout dans cet univers bouge et s'agite dans un sens ou un autre. Ce sont des vibrations réglées sur des fréquences diverses afin de produire : de la lumière ; un mouvement dans l'air etc. la parole humaine c'est de l'air qui fait vibrer les cordes vocales puis la position de la langue dans la bouche. Toutefois, ces paroles, d'après certains savants, constituent des sortes de bulles qui s'élèvent dans le ciel. On avance la thèse de pouvoir les récupérer et prendre connaissance de ce qui a été dit dans un lointain passé. On parle de : rien ne se fait plus, que la création cède la place à un passage d'une matière à une autre. La matière dans ses quatre états passe du : solide ; au liquide ; gazeux, feu.....

....

Secrets de la création, vous dites ?

Des enregistrements effectués sur disques, bandes magnétiques, cd etc. illustrent on ne peut mieux cet état de fait précité, et celui qui a conçu ces appareils d'enregistrements a travaillé sur le cerveau humain pour les reproduire. Images et sons sont enregistrés au niveau du cerveau qu'un être humain revoit dans ses rêves. De là est né le cinéma ; la télévision et autres. Mais, peut-être, faut-il une intelligence supérieure pour comprendre et saisir ce secret ?

Chapitre : 07

Le poison et l'antidote...................

La sorcellerie, un ordre donné à un démon pour nuire à une personne, d'une manière directe, sinon introduit, comme enregistré sur un support. On utilise généralement un produit d'usage au quotidien à la portée de la personne visée. Couteau ; clef ; pince à linge ; tasse de café etc. et tant que ces produits restent chez elle, un démon choisi pour passer à l'action se présente pour accomplir sa mission. Et cela durera jusqu'à ce qu'elle débarrassera de ce produit en question sinon passera par entre les mains d'un exorciste qui fera le travail d'en ôter le diable rendu propriétaire en quelque sorte par le sorcier; un cadeau empoisonné, ni plus ni moins

Directement, il y a nuisance par l'appropriation de quelque chose qui a une relation avec sa personne : un cheveu ; de la sueur ; un habit etc. un démon chargé par un sorcier n'est pas sensé connaitre de nom mais une image bien détaillé ; une voix qu'il reconnaitra entre des milliers ; quelque chose d'intime.

....

Celui qui cherche à nuire à une autre personne, dans la plupart du temps, est un individu, surtout de la gente féminine, de l'entourage de la victime.

La sorcellerie se pratique de trois manières :

------ être soi-même possédé par un démon et utiliser ce dernier pour nuire à autrui ;

----- faire venir un démon de son monde par de moyens connus par de gens du métier ;

----- faire appel à un sorcier (solliciter ses services moyennant de l'argent).

....

Pour ce qui est du désenvoutement ou tout simplement mettre fin à un ensorcèlement, il y a plusieurs moyens : ceux licites et agrées par la religion et d'autres illicites.

Une personne ayant affaire à un sorcier, cherche par tous les moyens possibles de s'en sortir. Rares sont ceux et celles qui prennent en considération le côté licite ou non. La religion a été révélée aux humains dans le but, entre autres, de combattre le mal à la racine, combattre les forces du mal par le moyen d'invoquer le bon Dieu, ses noms au nombre de quatre-vingt-dix-neuf et ses qualités ; les récitations des saintes écritures ; la pratique du bien sous toutes ses formes etc.

Chapitre : 08

L'histoire de la sorcellerie.........................

La sorcellerie est vieille comme le monde, elle chevauche en parallèle avec les saintes écritures révélées aux messagers de Dieu. Dieu a créé le mal et lui a imposé des limites à ne pas dépasser. Au temps de Moïse, le trône de pharaon était soutenu par des dévots de Satan ; Moïse a été envoyé pour y mettre fin. Le temps des pharaons est révolu à jamais ? Dans la forme oui ; dans le fond non. Des pharaons pullulent aux quatre coins du globe ; le nom importe peu, les mêmes pratiques sont toujours d'usage. Plus de messagers de Dieu, mais au lieu et place des savants qu'on désigne par le nominatif de saint. Les sectes d'adorateurs de Satan eux aussi sont nombreux..... Dans des pays soi-disant civilisés..... ! Et leurs membres ne sont pas n'importe qui mais des avocats ; des médecins etc. !

....

Du temps de Moïse, la sorcellerie a atteint son top niveau, au jour d'aujourd'hui elle s'est adaptée aux technologies nouvelles. il suffit de d'avoir le numéro du téléphone portable d'une personne pour l'appeler et lui expédier un diable : allo, oui.....répond le pauvre malheureux qui ne s'en doute de rien......, et l'autre observe un silence et ordonne une possession. Mais est-ce que cela se passe sans difficultés aucune ? Pas toujours. Il est des personnes qui opposent une résistance. Le diable envoyé ne désarme pas et emploie l'astuce pour parvenir à bout de ses peines. Un combat psychologique est alors livré, matin et soir ; au beau milieu de la nuit, il revient à la charge.

....

Il est recommandé de ne pas s'assoupir dans le noir total ; la lumière, une juste petite lueur, fait fuir ces diables et anges déchus. Une malédiction infligée à ses mutins qui sont sortis du droit chemin. On parle de : un tiers des anges qui ont suivi Satan, et le bon Dieu leur a ôté la possibilité d'évoluer en plein jour et de voir la lumière. De leur propre chef, ces entités infernales étalent leur marchandise pour rallier à leur cause des êtres humains n'ayant plus un lien avec leur créateur. Utilisées par des sorciers, le but recherché est le rapprochement et l'agreement du prince des ténèbres ; asservir une personne pour la traire comme une vache à lait.

Chapitre : 09

Effets d'un envoutement ou possession....................

Le mal est fait, il vise un but déterminé. Un diable est fait venir de son monde et il entame une action. Que va-t-il se passer ? Du jour au lendemain une personne s'amourache d'une autre du sexe opposé. Cela pourrait aller loin pour aboutir à une union, un mariage.

---- célibataire, la personne envoutée, inconsciente, voit dans son entourage des membres qui sont pour cette union, d'autres qui en sont contre. Des questions se posent et qui soulignent quelque chose qui ne tourne pas rond, bizarre. On relève une absence d'adéquation qui a trait, par exemple à : une différence d'âge très importante ; aucune ressemblance au niveau intellectuel, social etc. cette union peut durer longtemps s'il n'y aura pas désenvoutement.

....

Déjà mariée, en ce qui concerne les hommes, la personne envoutée, complètement dans les vapeurs, en veut à sa première femme, à ses enfants, qui constituent une sorte de gêne, et qui réagissent chacun à sa façon. Le foyer est brisé même sans l'intervention de la deuxième femme pour jeter de l'huile sur le feu. Mais cela ne s'arrête pas à ce stade précis, le plus grave dans ce genre de pratique, serait la sorcellerie qui a pour but : la maladie, susceptible de mener à la mort sinon à la folie.

....

La vie sur terre se veut que les causes engendrent les conséquences. Les effets résultants de la pratique de la sorcellerie visant la maladie sur une personne sont comme suit :

--- une sensation bizarre de légèreté du corps avec une espèce d'un vide qui l'entoure ;

----- des oreilles qui émettent une sorte de sifflements permanent sinon par intermittence ;

------ un cœur qui bat la chamade et ressenti au niveau de l'oreille gauche de bon matin et au beau milieu de la nuit ;

---- une démangeaison au niveau de la poitrine et de la tête avec provocation d'une sorte d'eczéma ;

----- un sommeil agité pour se réveiller à intervalle régulier toute les une ou deux heures ;

----- une envie fréquent d'uriner occasionnant des dégâts importants au biveau du système urinaire, et le mal perdure ;

----- une confusion de l'esprit avec non suite dans les idées ;

-----perte du goût de vivre ; plus de rapports avec le partenaire.

Et la liste pourrait s'allonger et les maux engendrer d'autres jusqu'à la folie ou le trépas.

Chapitre : 10

Réaction après coup........................

Tout le monde n'a pas été instruit en ce qui concerne cette pratique satanique dont l'élément clef n'est qu'un être humain en chair et en os ! même si les parents n'y sont pas versés, il demeure pas moins qu'ils inculquent à leur progéniture son existence et sa dangerosité. Le contraire atteste on ne peut mieux qu'ils la pratique d'une manière ou une autre. Et puis un allié de Satan n'a : ni père ni mère ; ni famille ni enfants, le moi prime sur toute autre considération. Certains parents usent de la pratique du vaudou et espèrent prolonger leur séjour sur terre en offrant en pâture à Satan un de leurs enfants.

....

Une personne donnée est sujette à envoutement ou possession, que ce qu'il va se passer ? Malade, la personne ne peut avoir une idée précise sur ce qui lui arrive. En premier lieu, peut-être qu'il va consulter un médecin, un ou plusieurs sans succès. Sa souffrance s'étale dans le temps, il ouvre son cœur à autrui. Il tombe tôt ou tard sur une personne qui détient au moins une information concernant son mal ; elle en a entendu parler ou bien a eu une malheureuse expérience passée ou récente. Le malade est alors mis au parfum. Sa réaction sera peut-être de chercher à se débarrasser de son mal même en usant de moyen absurde. Il s'en va consulter un guérisseur, assimilé dans sa tête à un charlatan.

....

Le guérisseur consulté pourrait être un allié du Diable. Il peut lui remettre une sorte de talisman. Guérison ? ça peut s'installer en un temps record. Toutefois, au bout de quelque temps, le responsable du mal est mis au courant et il renouvelle l'expérience avec des moyens plus graves encore.

Le guérisseur peut aussi être un homme de religion ayant une longue expérience dans ce domaine. La première question qu'il pose au malade est : la date exacte du début du mal ; et puis ce qui s'est passé ce jour-là.

Le malade a ingurgité quelque chose, genre poison ; chose qu'il ne faudrait pas exclure dans ce genre de pratique dans un monde où il y a des vérités scientifiques et d'autres rien que du bluff pour installer un climat de terreur dans la tête du patient. Dans ce cas précis, si le mal est récent, il faudrait lui faire vider l'estomac par le moyen d'un purgatif. Le mal est vieux comme le monde ; c'est ce qu'il y a des plus difficiles.

Chapitre : 11

Médecine et sorcellerie................

La médecine a toute une histoire derrière elle qui remonte à la nuit des temps. Toutefois, son ancêtre est la sorcellerie. Tel un réparateur de machines ou appareils de tout genre, le médecin demande au patient l'organe qui lui fait mal ou bien ce qui lui fait défaut et l'empêche d'évoluer et accomplir des tâches qu'il avait l'habitude d'exécuter sans difficultés. Il tâte le pouls ; mesure la tension artérielle ; demande de faire des analyses et passer des radios. Une lésion est observée ? L'origine du mal se situe quelque part et qui a trait suite à quelque chose qui a touché un organe. S'en suit tout un enchainement pour aboutir à la situation actuelle ; un handicap en quelque sorte.

Toutefois, cela n'est pas assez et la guérison met du temps pour se pointer après plusieurs tentatives et un tas de médicaments sans compter le risque de désagréments cause de contre-indications liées à chaque médicament. Et on ne guérit pas toujours et il y a aggravation de la maladie, preuve est –il qu'on meurt d'une maladie bégnine, et le médecin argue qu'il n y a pas eu traitement en temps voulu. En ce qui concerne les maladies causées par la sorcellerie, il y a toute une autre approche en matière de traitement.

....

L'exorciste, lui, accorde peu d'importance à l'organe lésé, et s'appuie sur une thèse que : tout le mal émane du cerveau qui a une relation très étroite avec l'âme qui loge dans le corps, et que certains soutiennent qu'il en est son incarnation. Vitalité ; énergie débordante etc. d'où une activité au moins pour subvenir au besoin d'un corps et avoir un standing de vie, souligne un état de bonne santé. Le contraire, prouve, on ne peut mieux, une maladie quelconque. Et il n y a pas que : microbes et virus. Fatigue ; colère ; peur ; angoisse etc. en sont les causes. On peut souffrir d'un mal étrange sans parvenir à le déterminer d'une manière exacte, et qui relève du domaine de la sorcellerie.

Chapitre : 12

Ensorcèlement …….. Un état second……..

Cela pourrait avoir lieu à n'importe quelle heure de la journée ou de la nuit. On peut ressentir son effet en mettant un premier pas hors de la maison de bon matin en allant au travail. Le contraire pourrait se produire le soir en rentrant etc. que dire, en effet, lorsque la vue tout d'un coup devient trouble ? Une sensation de froid ? Une légèreté du corps ? On a peur et le cœur bat la chamade. Et les choses ne resteront pas là…… des idées liées à la mort noient l'esprit, en confusion totale ; la vie semble avoir suspendu son vol ; des questions jamais posées auparavant telles que : comment suis-je en train d'exister ? Chatouillent l'esprit et reviennent fréquemment en force exiger une réponse etc.

Tout le monde a au moins une idée sur le sentiment lié à la peur par le fait de voir ou entendre un danger qui rode aux alentours. On ressent aussi la peur pour avoir fait du tort à autrui qui pourraient se venger etc. mais que dire lorsque ce sentiment n'a aucune raison d'être ?

…………………………………… ………………………….. …………………………..

Et la liste pourrait s'allonger encore pour avoir un sommeil peuplé de cauchemars. On voudrait se cloîtrer entre quatre murs, avoir un sentiment d'être en danger de mort hors de la maison ; le contraire est possible lui aussi. Tout ce qui a un lien avec la mort nous effraie. La vue d'une personne malade, le passage à proximité d'un cimetière nous donne de la sueur froide au dos. Pure folie, vous dites ? Mais en revoyant une personne perdue de vue durant un temps, on se demande comment il reste en vie !

…………………… ………………………………. ……………………….

On a, peut-être, de par le passé, été malade, on a souffert le martyre. Toutefois, en notre intérieur on a gardé un espoir de guérison. Lorsqu'on a affaire à un démon qui nous file le train, s'il n'arrive pas à nous anéantir, il entreprend un travail psychologique pour laisser entrevoir une fin proche.

On a l'impression que le mal est grand pour envisager une issue de secours ; que les maux sont pluriels. Cependant, il y a uniquement une répétition d'une série de manifestation satanique. Avec le temps, si on prend notre mal en patience, on arrive à comprendre l'astuce.

………………………… ……………………………… ……………………………

Un démon, désigné pour nuire à une personne dont le seul tort est d'avoir eu affaire à une autre personne méchante, sachant que sa capacité de nuisance est limitée, essaye par tous les moyens de s'effacer et d'agir dans l'ombre. Il crée pour cela une fausse maladie sans agent pathogène lequel n'apparait ni dans les analyses médicales ni sur les radiologies ! plus d'un devant une situation qui prête à équivoque pourrait piquer une dépression nerveuse allant à la tentative du suicide.

Chapitre : 13

L'issue de sortie…………………

Et pourtant l'issue de sortie de ce genre de crise, voulue, dans une certaine mesure, par le seigneur des cieux et de la terre, existe bel et bien. On s'attend à mettre en œuvre une formule magique ? Il y a autre chose. Tout d'abord revoir sa relation avec son créateur. Par la suite, de la patience et puis le recours à un spécialiste est de mise. La pratique du bien sous toutes ses formes s'oppose à un mal qui a une connaissance limitée du fonctionnement de l'organisme de l'être humain ; à l'essentiel, il ne peut avoir accès.

………………………… ……………………………… ……………………………

Incroyable mais vrai, le cerveau de l'être humain, par Le moyen de l'adoration de Dieu, est susceptible de se développer jusqu'à pouvoir tenir tête à ces entités du diable. Tout le monde, dans cet ordre d'idées, a au moins une fois dans sa vie, entendu des bruits bizarres ou eu comme une vision brève et rapide, mais une élévation spirituelle permet, à cause des répétitions fréquentes de mémoriser ce genre de manifestations. Dans une certaine mesure, un bon serviteur de Dieu, arrive à apercevoir et à sentir la présence de ces entités du diable qui disparaissent rien qu'avec l'évocation des noms du créateur.

………………………… ……………………………… ……………………………

Les noms de Dieu au nombre de quatre-vingt-dix-neuf deviennent dans la bouche du serviteur une arme redoutable à même de bruler ces entités de l'enfer jusqu'à l'extermination de toute une armée mise sur le pied de guerre contre lui. Le mal qui évolue la nuit ou bien utilise des personnes méchantes comme des centres de transites pour évoluer en plein jour, verra sa fin ici sur terre pour avoir désobéit et pas accepté l'ordre du seigneur.

....

Le seigneur est bon, il n'accepte que ce qui est bon et pur. Tout comme un sorcier qui utilise un support destiné au mal- généralement quelque chose de sale, mal propre- l'exorciste, le vrai utilise : de l'eau ; du sel et tout ce qui a la vertu de la propreté, sur lesquels par une grâce divine il enregistre comme sur une bande magnétique des prières ; des noms de Dieu. De sa main passée sur le front du patient ou bien l'organe atteint par le mal provoqué par Satan, il envoie comme une décharge électrique susceptible de bruler l'entité maléfique sinon la faire fuir.

Chapitre : 14

Et qu'en est-il du mauvais œil ?

Le mauvais œil, un phénomène que la science actuelle n'est pas parvenue à élucider. Des individus réputés d'avoir le mauvais œil, la plupart d'entre eux sont des méchants à ne pas décrire. Cependant, il arrive parfois qu'une personne quelconque envoie comme une décharge électrique, pour briser un objet, nuire à autrui, sans le vouloir vraiment. Des yeux bombés en quelque sorte, dit-on, confère au sujet ce caractère mystérieux. Scientifiquement parlant, les yeux ont une relation très étroite avec une zone du cerveau qui libère une grande énergie pour fixer les images (une sorte de caméra vidéo), cette énergie est détournée pour assouvir un besoin de possession.

Dans cette optique, il est recommandé aux croyants d'évoquer les bienfaits, de Dieu lorsqu'on est subjugué par la beauté de quelque chose. Il est aussi recommandé aux croyants d'observer un peu de retenue et ne pas étaler leurs biens au su de tout le monde sinon faire don d'une partie de ces biens aux gens nécessiteux.

....

Un sorcier, pour nuire à une personne, scrute à fond le visage de sa victime et transmet cette image à un démon désigné à remplir cette mission abjecte.

....

Certains spécialistes versés dans l'étude des sciences occultes soutiennent qu'envoutement et possession résultent dans la plupart du temps du mauvais œil, ils vont encore plus loin pour soutenir qu'il cause la mort. Cet état de fait effraie les gens non avertis qui méconnaissent le caractère des êtres humains. Ce dernier renferme en son sein le bien comme le mal. Une élévation spirituelle fait de lui un ange sur terre ; une descente aux enfers par la pratique du mal fait de lui un diable en chair et en os. Ce bref passage sur terre annonce déjà la couleur de ce qu'il va y avoir demain dans un au-delà.

Chapitre : 15

La clientèle de Satan

Toute marchandise quel que soit sa qualité trouve acquéreur. Le bon Dieu invite ses serviteurs à observer de la patience et œuvrer sur le sentier du bien ; un travail qui s'étale dans le temps. Dévouement et fidélité sont pour quelque chose quant à un aboutissement et ont un effet positif ou négatif. Il y a nécessairement passage par plusieurs phases et crises successives afin de mesurer le degré de sincérité du serviteur.

....

Malade ou en bonne santé, riche ou pauvre, intellectuel voire savant ou simple analphabète, on trouve une pléiade de gens des deux sexes appartenant aux différentes classes de la société œuvrant sur le sentier du bon Dieu. Peut-être que parmi eux, certains sont presque inutiles à leurs pairs mais ce qui est sûr c'est que d'aucune manière ils ne font du mal.

....

La foi, la vraie, n'est pas une chasse gardée réservée pour ceux et celles ayant fait des études très poussées ; la science qui s'y rattache dépasse de plusieurs années-lumière celle qui a prévalu jusqu'au jour d'aujourd'hui. Et elle sert à quoi cette avancée technologique qui nie l'existence de Dieu ? il y a aussi le but qui détermine l'itinéraire à suivre. On suit, en effet, un même chemin, on est à la recherche d'un confort matériel, une place au soleil ici-bas sans faire référence à une vie éternelle à laquelle on ne croit point. D'autres sont à la recherche de cet au-delà et par la même occasion ils récoltent honneur et gloire. De ce fait, ils font d'une pierre deux coups, un don du seigneur et une grâce accordée aux bons serviteurs.

....

Mais la clientèle de Satan, qui compte parmi elle en grande partie la gente féminine, se diffère de l'autre catégorie qui observe de la patience par une soif de paraitre et avoir tout et tout de suite. Il y a surtout l'aspect extérieur qui compte.... Une importance capitale est accordée à tout ce qui brille. On veut toujours le plus beau ; le plus grand quitte à vendre son âme à Satan. A toute porte qu'on frappe, a dit le sage, il y aura quelqu'un pour nous ouvrir. Et Saran est là aux aguets pour ne pas laisser passer de telles occasions.

....

Il est des gens qui ont été tout simplement grugés ; roulés dans la farine ; menés en bateau par Satan, et même si après un temps ils ont compris leur situation qui ne prête pas à sourire, confort et luxe, qu'ils ont eu après une traversée du désert, constituent quelque chose comme un point de non-retour. En leur for intérieur, ils savent qu'ils ne tirent aucun honneur par le fait de servir d'intermédiaire à une entité du mal qui les utilise pour malmener untel ou briser le foyer d'un autre. Néanmoins, ils se contentent d'arborer un sourire narquois en les voyant souffrir.

Chapitre : 16

Comment ils sont devenus des diables..... ?

On n'a pas de choix quant à notre venue au monde. On peut voir le jour au sein d'une famille riche pleine aux as ou bien située au plus bas étage, plongée jusqu'au cou dans une fange de misère. Lorsqu'on prend conscience, les gens nantis en veulent un plus ; les défavorisé cherchent une issue de secours. L'être humain a la particularité d'être influencé par les membres de son entourage. Il est très difficile de fermer porte et fenêtre sur un environnement immédiat et de regarder ailleurs. Avec l'âge, peut-être, un contact avec d'autres personnes appartenant à d'autres milieux ; des études faites, et plus encore une grâce divine ou une empreinte, genre sceau du diable après avoir enfreint une règle, on n'a de choix que de se ranger du côté droit ou du côté gauche. On développe par la suite une mentalité qui s'en va crescendo pour aboutir à quelque chose après temps. On a l'impression qu'une situation nouvelle qui semble se dessiner dans un lointain horizon n'a aucune racine et ne traine rien dans son sillage. Archi faux. Il y a un travail en bonne et due forme masqué par une lenteur qui confère un caractère des plus naturels à toute entreprise.

....

On ne devient bon que par la pratique du bien en toute âme et conscience ; le méchant, affreux et vilain, accepte ces caractères qui deviennent sa nature propre de laquelle il lui est très difficile de se dépêtrer. A des degrés différents, sa relation est plus ou moins entretenue. Ainsi il ressent une aversion pour une autre personne qui lui ne ressemble pas et plus encore son contraire. A des degrés extrêmes il est assistant des forces des ténèbres, là où il passe il sème malheurs et discorde. Toutefois, il y a limite au-delà de laquelle le bien se manifeste pour le mettre hors d'état de nuire.

....

Des faux exorcistes à la solde de Satan se font passer pour des Marabouts ; des guérisseurs et plus encore, de véritables saints. Le mal qu'ils inoculent aux gens est sans commune mesure.

....

Il se passe comme s'il y a des observateurs qui voient évoluer des membres de la race humaine sur terre. Untel est alors choisi par le bien, un autre par le mal. De ce fait, il y a comme un passage par une série d'examens. D'un côté comme de l'autre, il peut y avoie échec d'où stagnation avec possibilité de rachat. Rares sont ceux pouvant parvenir aux extrêmes. Ça se fera avec le consentement de grands sacrifices ou un laisser faire pour tenter l'aventure.

....

Un diable en chair et en os est quelqu'un qui croit aux forces du mal ; il pense avoir fait une découverte et se réjouit d'avoir agi dans le bon sens. Devant des occasions qui s'offrent à lui et une sorte d'essor qu'il fait pour se hisser dans la hiérarchie sociale, il pleur son sort de ne pas avoir agi très tôt et avoir perdu un temps fou à vouloir faire du bien dans un monde en totale déconfiture... ! Désormais, tout devient permis et il multiplie ses tentatives de rester en contact permanent avec ses pairs qui logent dans la monde parallèle par le moyen de s'attaquer à tous ceux qui ont la foi. Des feux sont allumés dans sa demeure pour bruler des plantes et autres hallucinogènes qui attirent les forces du mal.

Chapitre : 17

Représentants sur terre................

Le mal est grand certes, mais il ne peut y avoir comparaison avec le bien du fait qu'il n'est qu'une créature comme un tas d'autres. A partir d'une seule entité,

Satan qui a désobéi à son créateur, après avoir été élevé au rang des anges, puis déchu, le voilà trainant dans son sillage le un tiers des anges. Toute une organisation du mal est alors enfuie dans les antres de la terre pour ne plus pouvoir évoluer à la lumière du jour. Une véritable armée constituées de simples soldats et autres gradés qui en veulent aux humains et plus particulièrement à ceux dont leur seul tort est d'avoir accepté leur sort de créature et leur dévouement à leur seigneur. Des hostilités, genre guerre froide, ont commencé avec l'apparition du premier homme sur terre.

....

Tel un réseau tissé pour couvrir les quatre coins du globe, entités du diable, et autres humains, ralliés à leur cause, mènent la vie dure à des individus lesquels parmi eux certains ne croient pas à l'existence de ce monde parallèle. Pas besoin de faire des ablutions, encore moins de s'embarrasser d'accomplir des prières au quotidien pour ces entités destinés à l'enfer. Le mal entre leurs mains devient matière qui : se respire ; se boit. Les vêtements qu'ils portent, les chaussures qu'ils mettent à leurs pieds, la nourriture qu'ils avalent, les paroles qu'ils échangent etc. le tout enveloppé dans l'illicite, fait du tort, lèse, usurpe un bien d'autrui etc.

....

Présents un peu partout, surtout au niveau des centres vitaux et de prise de décisions, ceux qui œuvrent sur le sentier du bien affrontent au quotidien des individus sans foi ni loi. Sachant très bien ce qu'ils veulent exactement, ces derniers font tout pour mettre des bâtons dans les roues et empêchent d'aller de l'avant. Poids et contre poids afin que le monde continue sa marche chaque jour que le bon Dieu fait, il ne peut en être autrement ; chose voulue par le seigneur des cieux et de la terre qui ne donne rien gratuitement : ici le prix à payer n'est qu'une adoration pure et simple.

....

Certains lieux, villes et villages, sont réputés par la méchanceté de leurs habitants. Des gens ordinaires après un bref séjour dans ces endroits font tout pour débarrasser le plancher. On parle d'asphyxie, de lourdeur de l'air qu'on respire. Dans d'autres lieux, une espèce de paix et de sérénité y règne. Comment expliquer cette situation d'inconfort dans l'un de ces lieux et de confort dans l'autre ? Ce n'est ni plus ni moins que la présence en force du bien ou du mal et vice-versa.

………………………… ……………………………… ……………………………

Et puis des opérations de nettoyage sont pratiquées sans que beaucoup de gens ne prennent conscience dans le feu de l'action et une succession d'événements qui ont tout l'air de quelque chose de naturel. Un nouveau locataire s'installe, il amène avec lui le bien ou le mal. Dans bien des cas, il vient pour assainir et purifier un lieu. Il est comme envoyé en mission spéciale et conscient de la lourde responsabilité qu'il assume quitte à faire du tort à plusieurs personnalités jugées par le commun des mortels comme honnêtes, mais en réalité : du feu qui consume de la paille de son intérieur.

Chapitre : 18

Aura du cœur………. une énergie canalisée.

Beaucoup de gens pensent que le cœur n'est que deux pompes collées l'une à l'autre, ayant pour rôle d'assurer la circulation sanguine et puis éliminer une toxine par l'intermédiaire des reins. Toutefois, qu'en est-il d'un organe qui est affecté par la joie et la tristesse ; une réussite à une entreprise ou une peur d'un danger ? On parle d'une manifestation envers le sexe opposé ; il aime à la folie et déteste à ne pas décrire….. De ce fait, il palpite comme pour changer de rythme ou bat la chamade. Tonus faible ou bien réglé comme une horloge, il est le signe de bonne santé ou de santé défaillante. Les chercheurs font état du choix de la meilleure nourriture pour cet organe moteur de l'organisme qui accapare une bonne partie de l'énergie développée par le corps. Mais, quelle relation a-t-il avec le cerveau ?

……………………………………… ………………………………… ………………….

On parle du cerveau humain comme l'incarnation de l'âme. Cet organe essentiel genre tour de contrôle à laquelle sont reliés tous les organes, comporte une plus grande partie de l'inconscient où ils sont rattachés. Il pompe la quasi- totalité de cette énergie développée par le corps ; on parle d'énergie pure. Cependant, énergie débordante se caractérise par un dynamisme de l'être humain ; une élévation de la température ; parfois des insomnies etc.. Travail intensif ; sports ; régime alimentaire etc. n'arrivant pas à absorber cette énergie en rade et ennuyeuse qui pousse certains individus à faire des bêtises ; faire le pitre etc. la pratique de la religion permet, entre autres, de la canaliser pour être utilisée à bon escient. Le contraire en l'occurrence énergie en manque flagrant n'est qu'une autre nature, la maladie.

…………………….. ………………………………… …………………………….

La pratique de la religion ouvre des possibilités nouvelles au développement du cerveau, elle est dirigée vers un but bien déterminé. Satan, notre ennemi, en connait un bout, il essaye de nous pousser à la dépenser inutilement. De même que lorsqu'il y a action de sorcellerie le démon qui s'en charge la cueille à la source, il nous tète jusqu'à épuisement pour devenir des morts vivants. Dans cet ordre d'idées, les êtres humains ne sont plus égaux question énergie qui développe une sorte d'aura susceptible de bruler les démons qui s'aventurent à causer des ennuis à une personne innocente, ensorcelée.

On parle de guérisseurs qui utilisent une sorte de magnétisme pour libérer un organe touché par un démon. Ce sont des personnes parvenues à ce stade de canalisation de leur énergie pour produire ce magnétisme utile qui se centralise au niveau de l'organe cardiaque.

Chapitre : 19

Nouvelle vision............... après guérison....

Cela commence généralement lors de l'opération de désenvoutement pratiquée par un spécialiste. Rien que l'acceptation de l'idée qu'il ait des démons chargés par des personnes méchantes, sorciers et sorcières, cela ouvre une porte qui donne sur un monde jamais, peut-être, imaginé auparavant. Toutefois, la plupart des patients n y voient que du feu, de par leur cerveau peu développé ; leur énergie non canalisée et presque toute absorbée. Ils se contentent de rire, et par la suite tout est effacé de leur mémoire même après passage une autre fois par la même expérience.... !

Certains individus ont comme un retour de mémoire même après longtemps pour mesurer ce qu'ils ont vécu dans un passé récent ou lointain. De ce fait, ils font comme récupérer leur dû mis en réserve pour un éventuel développement sinon jamais, le cas échéant.

....

Toute expérience vécue comporte un côté positif et un autre négatif. Cela permet dans certains cas de mesurer l'ampleur de ce mal, étrange, qu'est la sorcellerie. Cela donne une idée sur le caractère des êtres humains qui ont recours à cette pratique diabolique qui développe à partir d'une faiblesse d'esprit, une méchanceté sans pareil. Il peut y avoir une possibilité d'envisager ce passage sur terre par une réintégration du droit chemin.

....

Ce qui compte le plus après le passage par ce genre d'expérience, peut-être, assimilée à une métamorphose de la personnalité qui n'est plus la même pour appréhender l'existence sous un autre angle jamais imaginé auparavant. Par la force des choses on aura une foi, une vraie qui fait la part des choses pour aller loin jusqu'à devenir un combattant contre le mal, sinon rien qu'une demi foi pour croire à l'existence de ce mal qui malmène des gens égarés ne croyant ni en Dieu ni à Satan.

Chapitre : 20

La persécution............

Le plus grave dans la sorcellerie après la possession diabolique serait la persécution. Certains individus viennent au monde, persécuté. Le mal, pour les avoir visités, et pris connaissance de la possibilité de les avoir comme ennemis, entreprend de leur mener la vie dure. Un démon sinon plusieurs sont affectés à cette besogne qui consiste à leur fermer les portes d'un bonheur sur terre ; un savoir de quelle nature qu'il soit. Assimilés à ceux nés sous la mauvaise étoile, ils n'ont pas le moindre soupçon de chance. Leurs parents sont méchants ? Ils vivront une éducation à deux vitesses ; deux poids, deux mesure..... ! Tout est permis pour les autres frères et sœurs, eux payent la moindre petite faute. Leurs parents vont encore plus loin pour les ridiculiser, ils trouvent tout en eux comme chose bizarre : leurs yeux ; leurs oreilles ; leur façon de marcher, de parler etc. ouvertement, ils leur déclarent une absence totale d'avenir. Et si ces individus nés-persécutés arrivent à garder leur tête sur les épaules cela relève des douze travaux d'hercule.... !

----- une persécution suite à une tentative de possession avortée existe bel et bien.

Ce n'est ni plus ni moins un travail psychologique qui a pour but la démoralisation et une perte d'assurance de soi. Et cela s'aggrave encore en ouvrant son cœur à autrui pour leur faire part de scènes vécues qui frisent le ridicule, ayant un caractère anormal. Ils seraient alors confrontés à ce genre de questions : ---- qui es-tu ? Qu'est-ce que tu as fait etc.

Il y a très peu de traitements pour la deuxième cas, du fait de ne pouvoir solliciter une intervention d'un tiers, le temps que dure cette action de persécution qui pourrait s'étaler dans le temps, que de observer une patience hors paires et le rapprochement du seigneur par le moyen des prières et la pratique de l'aumône dans la mesure du possible.

Conclusion

La pratique de la sorcellerie n'est autre qu'un athéisme et une négation du bien et du bon Dieu, et puis des infractions de règles et lois qui régissent l'existence sur terre. Les gens méchants sont toujours malheureux. Ils en veulent à tout le monde. Ils cherchent le moyen pour vivre comme des rois sans se casser trop la tête en faisant appel à la dimension du mal. Ils sont devenus son incarnation. De ce fait, ils tentent de renverser les rôles et l'échelle de valeur. Dans leur tête le rationnel a cédé le pas au non-sens. Ainsi, le bon devient mauvais ; celui d'en haut est placé en bas etc.

Croyants, ils le sont jusqu'au bout des ongles mais à l'entité du diable. Et cette pratique pourrait aller très loin jusqu'à causer folie et mort. Les profanes ne peuvent imaginer ce que font les partisans du mal pour être assistés par des démons, et puis inoculer leur mal à des gens innocents lesquels leur seul tort est d'œuvrer sur le sentier droit, d'être sincères et clamer haut et fort des vérités. Toutefois, les victimes de ces entités du diable, avec un peu de patience se verront récompensés par l'acquisition d'une science sans faille pour tuer dans l'œuf ces pratiques machiavéliques.

Fin

Table de matières

Printed by Books on Demand GmbH, Norderstedt / Germany